Impressum
Verlag: BABADADA GmbH, Nedderfeld 112 , 22529 Hamburg
Geschäftsführer / Verlagsleitung: Harald Hof
Druck: Books on Demand GmbH, In de Tarpen 42, 22848 Norderstedt

Imprint
Publisher: BABADADA GmbH, Nedderfeld 112 , 22529 Hamburg, Germany
Managing Director / Publishing direction: Harald Hof
Print: Books on Demand GmbH, In de Tarpen 42, 22848 Norderstedt

AF289049

5ch00l

學校

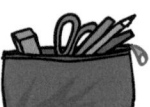

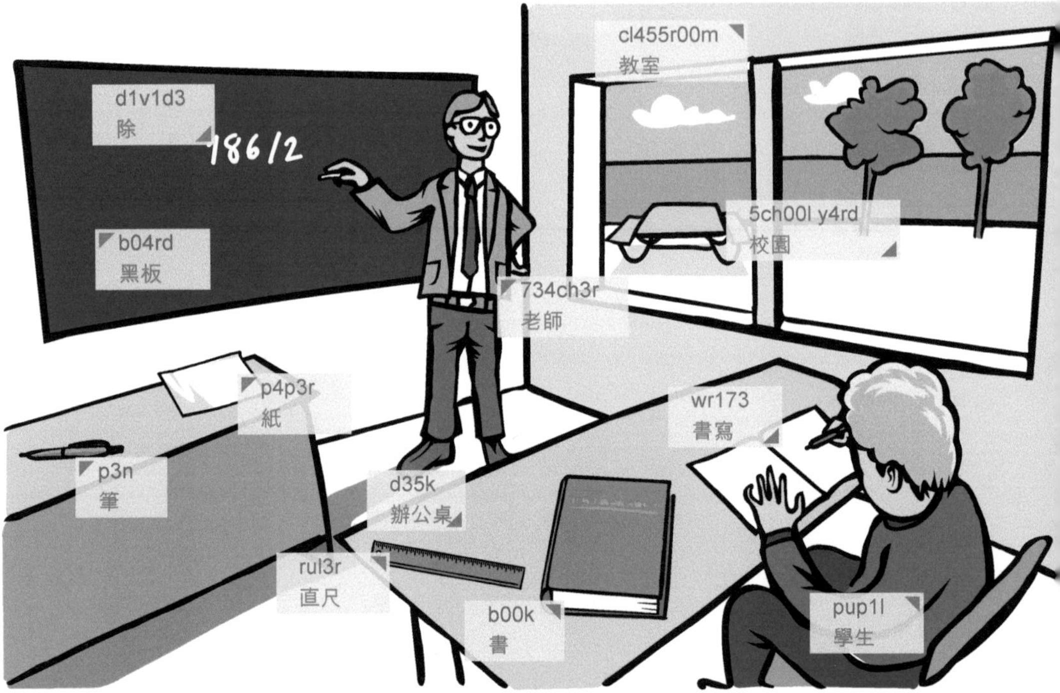

cl455r00m
教室
d1v1d3
除
186/2
b04rd
黑板
5ch00l y4rd
校園
734ch3r
老師
p4p3r
紙
wr173
書寫
p3n
筆
d35k
辦公桌
rul3r
直尺
b00k
書
pup1l
學生

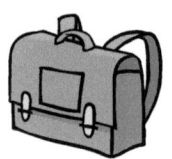

547ch3l

書包

p3nc1l c453

鉛筆盒

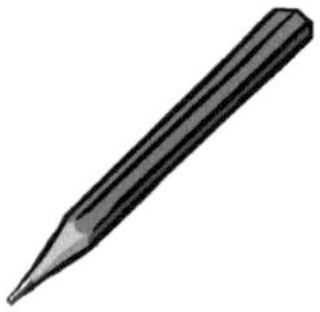

p3nc1l

鉛筆

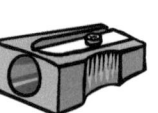

p3nc1l 5h4rp3n3r

削鉛筆機

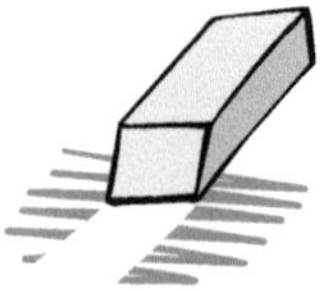

rubb3r

橡皮擦

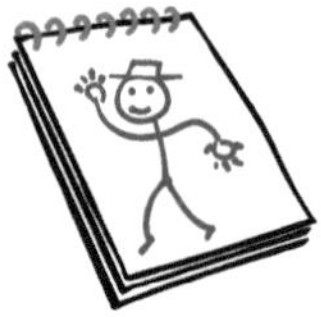

dr4w1n6 p4d

畫板

dr4w1n6

圖畫

p41n7bru5h

畫筆

p41n7 b0x

顏料盒

5c1550r5

剪刀

6lu3

膠水

3x3rc153 b00k

練習冊

h0m3w0rk

家庭作業

12

numb3r

數字

2+2

4dd

加

5-2

5ub7r4c7

減

2×2

mul71ply

乘

c4lcul473

計算

A

l3773r

字母

ABCDEFG
HIJKLMN
OPQRSTU
VWXYZ

4lph4b37

字母表

hello

w0rd

字

73x7

課文

r34d

讀

ch4lk

粉筆

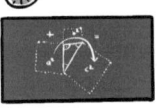

l3550n

上課

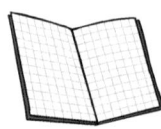

r361573r

登記

3x4m1n4710n

考試

c3r71f1c473

證書

5ch00l un1f0rm

校服

3duc4710n

教育

3ncycl0p3d14

百科全書

un1v3r517y

大學

m1cr05c0p3

顯微鏡

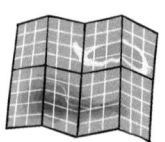

m4p

地圖

w4573-p4p3r b45k37

廢紙簍

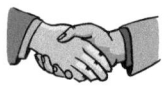

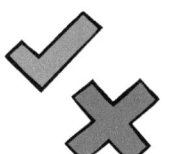

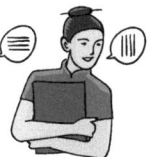

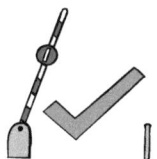

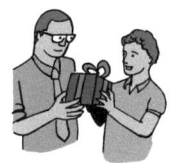

7r4v3l
旅行

h073l
飯店
Grand
h0573l
青年旅社
ROOMS
curr3ncy 3xch4n63 0ff1c3
外幣兌換處
←CHANGE
5u17c453
手提箱
c4r
汽車

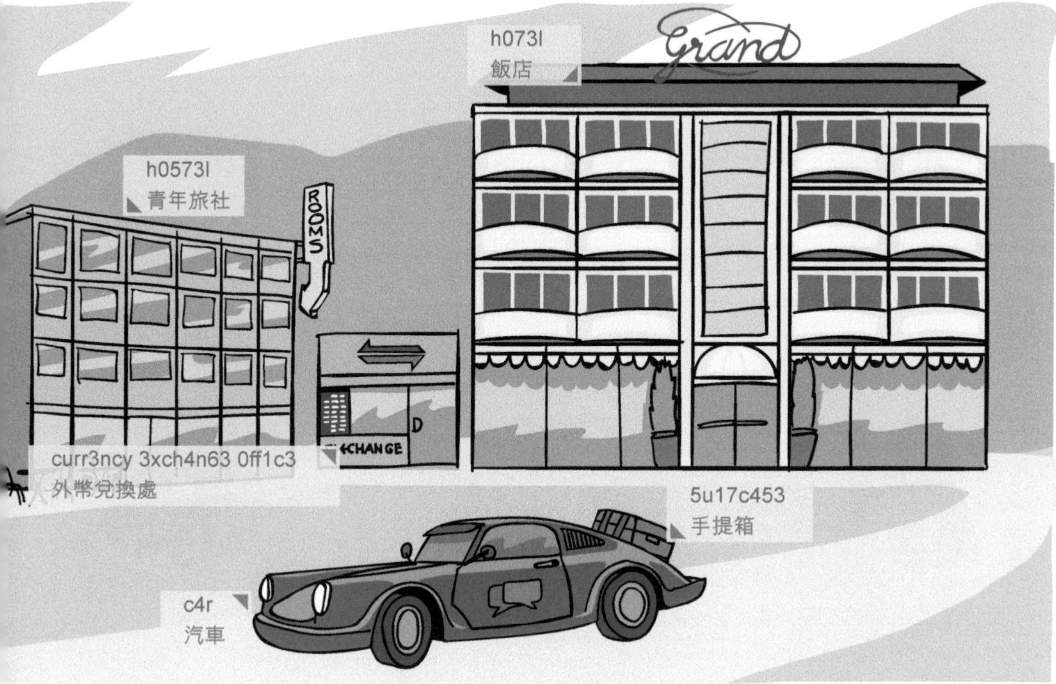

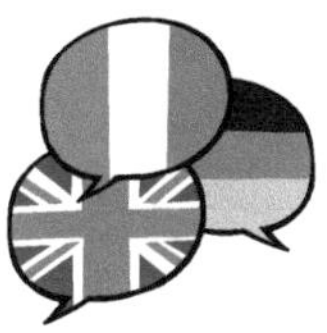

l4n6u463

語言

y35 / n0

是/否

0k4y

好的

h3ll0

您好

7r4n5l470r

翻譯人員

7h4nk y0u

謝謝

h0w much 15

......多少錢？

1 d0 n07 und3r574nd

我不明白

pr0bl3m

問題

600d 3v3n1n6!

晚上好！

600d m0rn1n6!

早上好！

600d n16h7!

晚安！

600dby3

再見

d1r3c710n

方向

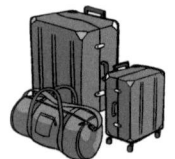

lu66463

行李

b46

包

b4ckp4ck

背包

6u357

客人

r00m

房間

5l33p1n6 b46

睡袋

73n7

帳篷

70ur157 1nf0rm4710n

旅行資訊

b34ch

海灘

cr3d17 c4rd

信用卡

br34kf457

早餐

lunch

午餐

d1nn3r

晚餐

71ck37

票

3l3v470r

電梯

574mp

郵票

b0rd3r

邊界

cu570m5

海關

3mb455y

大使館

v154

簽證

p455p0r7

護照

7r4n5p0r7

交通運送

41rpl4n3
飛機

5h1p
船

f1r3 7ruck
消防車

7ruck
卡車

bu5
公車

m070rb047
汽艇

b1k3
腳踏車

c4r
汽車

f3rry

渡輪

b047

小船

m070rb1k3

機車

p0l1c3 c4r

警車

r4c1n6 c4r

賽車

r3n74l c4r

租車

c4r 5h4r1n6

拼車

70w 7ruck

拖車

64rb463 7ruck

垃圾車

3n61n3

馬達

fu3l

汽油

fu3l 574710n

加油站

7r4ff1c 516n

交通標識

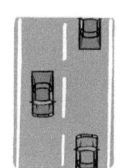

7r4ff1c

交通

7r4ff1c j4m

交通堵塞

p4rk1n6 l07

停車場

7r41n 574710n

火車站

7r4ck5

軌道

7r41n

火車

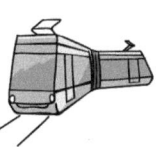

7r4m

路面電車

w460n

客車廂

h3l1c0p73r

直升機

41rp0r7

機場

70w3r

塔

p4553n63r

乘客

c0n741n3r

集裝箱

c4r70n

紙板箱

c4r7

手推車

b45k37

籃子

74k3 0ff / l4nd

起飛/降落

c17y

城市

v1ll463

村莊

c17y c3n73r

市中心

h0u53

房子

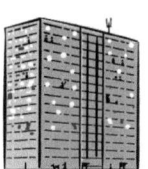

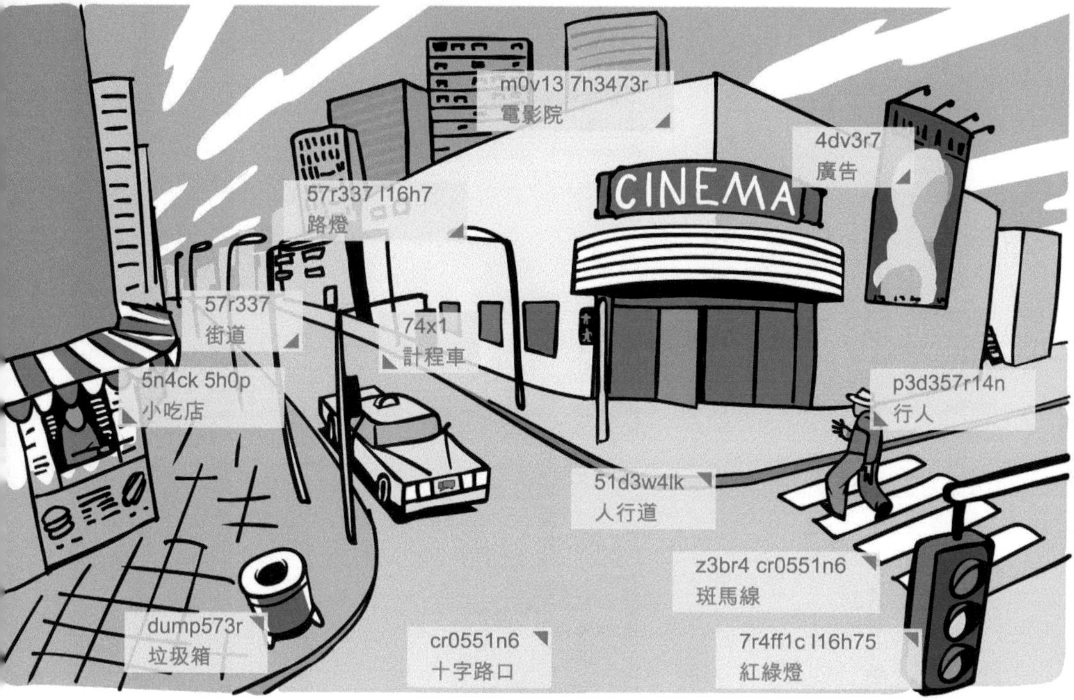
m0v13 7h3473r
電影院
4dv3r7
廣告
CINEMA
57r337 l16h7
路燈
57r337
街道
74x1
計程車
5n4ck 5h0p
小吃店
p3d357r14n
行人
51d3w4lk
人行道
z3br4 cr0551n6
斑馬線
dump573r
垃圾箱
cr0551n6
十字路口
7r4ff1c l16h75
紅綠燈

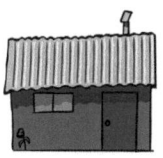

hu7

小屋

4p4r7m3n7

公寓

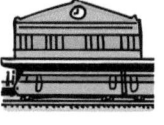

7r41n 574710n

火車站

c17y h4ll

市政廳

MUSEUM

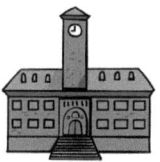

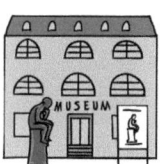

mu53um

博物館

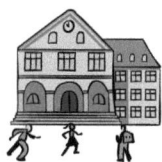

5ch00l

學校

un1v3r517y

大學

b4nk

銀行

h05p174l

醫院

h073l

飯店

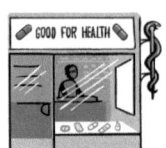

ph4rm4cy

藥房

0ff1c3

辦公室

b00k 5h0p

書店

5h0p

商店

fl0w3r 5h0p

花店

5up3rm4rk37

超市

m4rk37

市場

d3p4r7m3n7 570r3

百貨商店

f15hm0n63r'5 5h0p

魚店

m4ll

購物中心

h4rb0r

海港

p4rk

公園

b3nch

長凳

br1d63

橋

5741r5

樓梯

5ubw4y

捷運

7unn3l

隧道

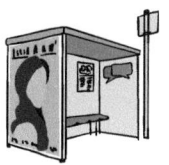

bu5 570p

公車站

b4r

酒吧

r3574ur4n7

餐館

p057b0x

郵筒

57r337 516n

路標

p4rk1n6 m373r

停車計時器

z00

動物園

5w1mm1n6 p00l

游泳池

m05qu3

清真寺

f4rm

農場

p0llu710n

污染

c3m373ry

基地

church

教堂

pl4y6r0und

操場

73mpl3

寺廟

l4nd5c4p3

地形

l34f
樹葉

516np057
指示牌

p47h
路

m34d0w
草地

570n3
石頭

7r33
樹

h1k3r
徒步旅行者

r1v3r
河

6r455
草

fl0w3r
花

v4ll3y

峽谷

h1ll

丘陵

l4k3

湖

f0r357

森林

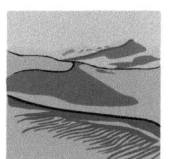

d353r7

沙漠

v0lc4n0

火山

c457l3

城堡

r41nb0w

彩虹

mu5hr00m

蘑菇

p4lm 7r33

棕櫚樹

m05qu170

蚊子

fly

蒼蠅

4n7

螞蟻

b33

蜜蜂

5p1d3r

蜘蛛

b337l3

甲蟲

fr06

青蛙

5qu1rr3l

松鼠

h3d63h06

刺蝟

h4r3

野兔

0wl

貓頭鷹

b1rd

鳥

5w4n

天鵝

b04r

野豬

d33r

鹿

m0053

麋鹿

d4m

水壩

w1nd 7urb1n3

風力發電機

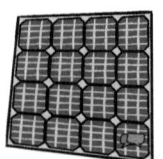

50l4r p4n3l

太陽能電池板

cl1m473

氣候

r3574ur4n7

餐館

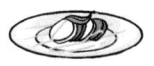

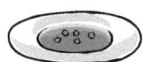

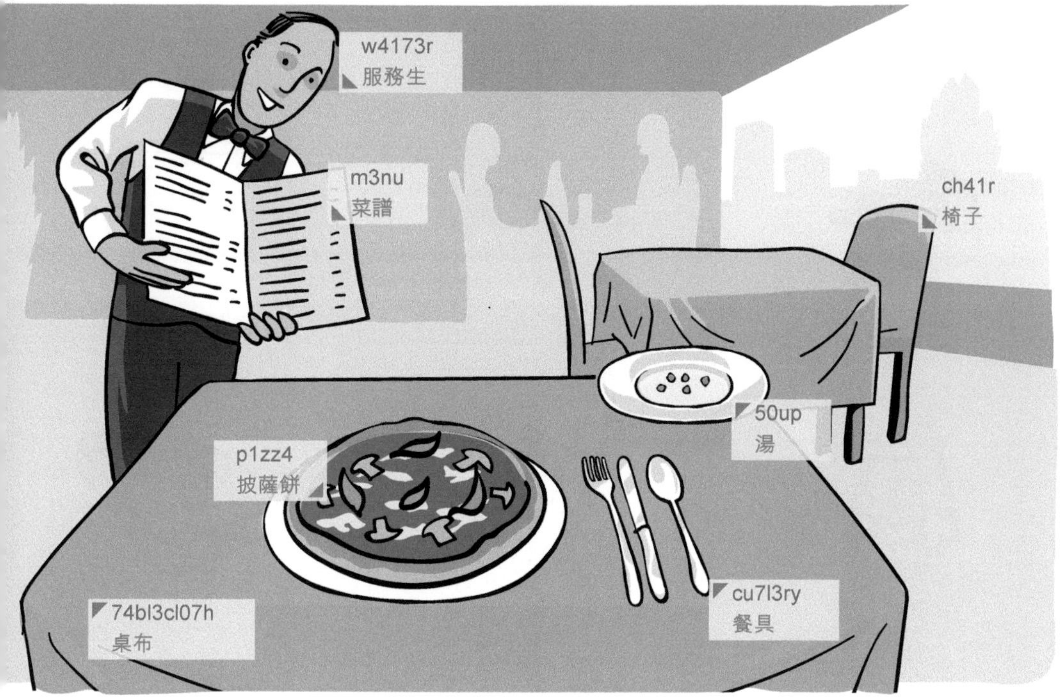

w4173r
服務生
m3nu
菜譜
ch41r
椅子
50up
湯
p1zz4
披薩餅
cu7l3ry
餐具
74bl3cl07h
桌布

574r73r

前菜

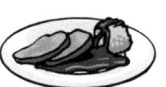

m41n c0ur53

主菜

d3553r7

甜點

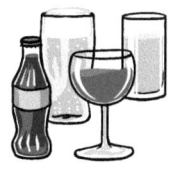

dr1nk5

飲料

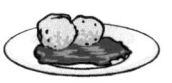

f00d

食物

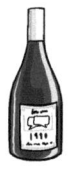

b077l3

瓶子

f457 f00d

速食

57r337 f00d

街邊小吃

734p07

茶壺

5u64r b0wl

糖盒

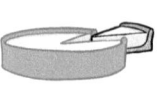

p0r710n

一份飯菜

35pr3550 m4ch1n3

義式咖啡機

h16h ch41r

高腳椅

b1ll

帳單

7r4y

托盤

kn1f3

刀

f0rk

餐叉

5p00n

勺子

7345p00n

茶匙

53rv13773

餐巾

6l455

玻璃杯

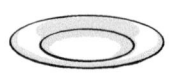

pl473

碟子

50up pl473

湯盤

54uc3r

碟子

54uc3

醬

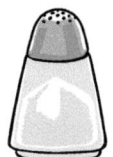

54l7 5h4k3r

鹽瓶

p3pp3r m1ll

胡椒研磨罐

v1n364r

醋

01l

食用油

5p1c35

調味料

k37chup

番茄醬

mu574rd

芥末

m4y0nn4153

美乃滋

5up3rm4rk37
超市

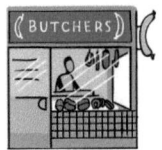

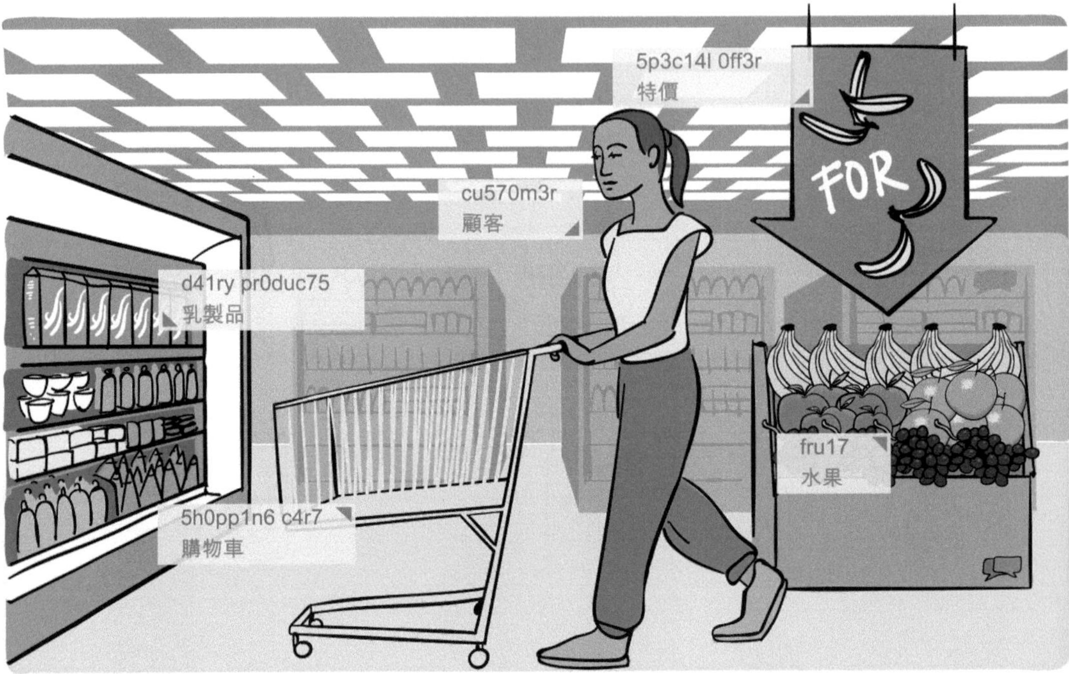
5p3c14l 0ff3r
特價
FOR
cu570m3r
顧客
d41ry pr0duc75
乳製品
fru17
水果
5h0pp1n6 c4r7
購物車

BUTCHERS

bu7ch3r'5 5h0p

肉鋪

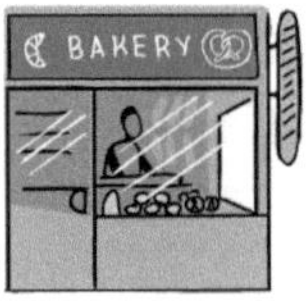
BAKERY

b4k3ry

麵包店

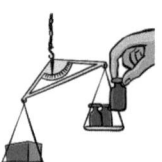

w316h

稱重

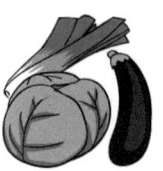

v36374bl35

蔬菜

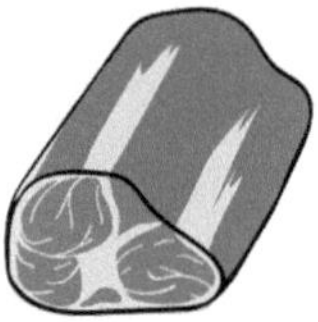

m347

肉

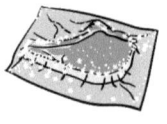

fr0z3n f00d

冷凍食品

c0ld cu75

冷盤

c4nn3d f00d

罐頭食品

d373r63n7

洗衣粉

c4ndy

甜食

h0u53h0ld pr0duc75

日用品

cl34n1n6 pr0duc75

清潔用品

54l35 r3pr353n7471v3

銷售員

c45h r361573r

收銀機

c45h13r

收銀員

5h0pp1n6 l157

購物清單

0p3n1n6 h0ur5

開放時間

w4ll37

錢包

cr3d17 c4rd

信用卡

b46

袋子

pl4571c b46

塑膠袋

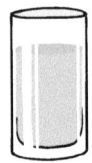

w473r

水

ju1c3

果汁

m1lk

牛奶

c0k3

可樂

w1n3

紅酒

b33r

啤酒

4lc0h0l

酒

c0c04

可可

734

茶

c0ff33

咖啡

35pr3550

義式濃縮咖啡

c4ppucc1n0

卡布奇諾

b4n4n4

香蕉

4ppl3

蘋果

0r4n63

柳丁

m3l0n

西瓜

l3m0n

檸檬

c4rr07

胡蘿蔔

64rl1c

大蒜

b4mb00

竹子

0n10n

洋蔥

mu5hr00m

蘑菇

nu75

堅果

n00dl35

麵條

5p46h3771

義大利麵

r1c3

米飯

54l4d

沙拉

fr135

薯條

fr13d p0747035

炸馬鈴薯

p1zz4

披薩餅

h4mbur63r

漢堡

54ndw1ch

三明治

35c4l0p3

炸豬排

h4m

火腿

54l4m1

義大利臘腸

54u5463

香腸

ch1ck3n

雞肉

r0457

烤肉

f15h

魚

p0rr1d63 0475

燕麥片

mu35l1

木斯里

c0rnfl4k35

玉米片

fl0ur

麵粉

cr01554n7

牛角麵包

br34d r0ll

麵包捲

br34d

麵包

70457

吐司

c00k135

餅乾

bu773r

奶油

curd

凝乳

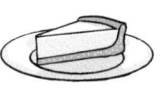

c4k3

蛋糕

366

蛋

fr13d 366

煎蛋

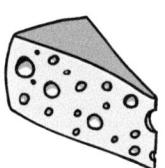

ch3353

起司

1c3 cr34m

冰淇淋

5u64r

糖

h0n3y

蜂蜜

j3lly

果醬

n0u647 cr34m

巧克力醬

curry

咖哩

f4rm

農場

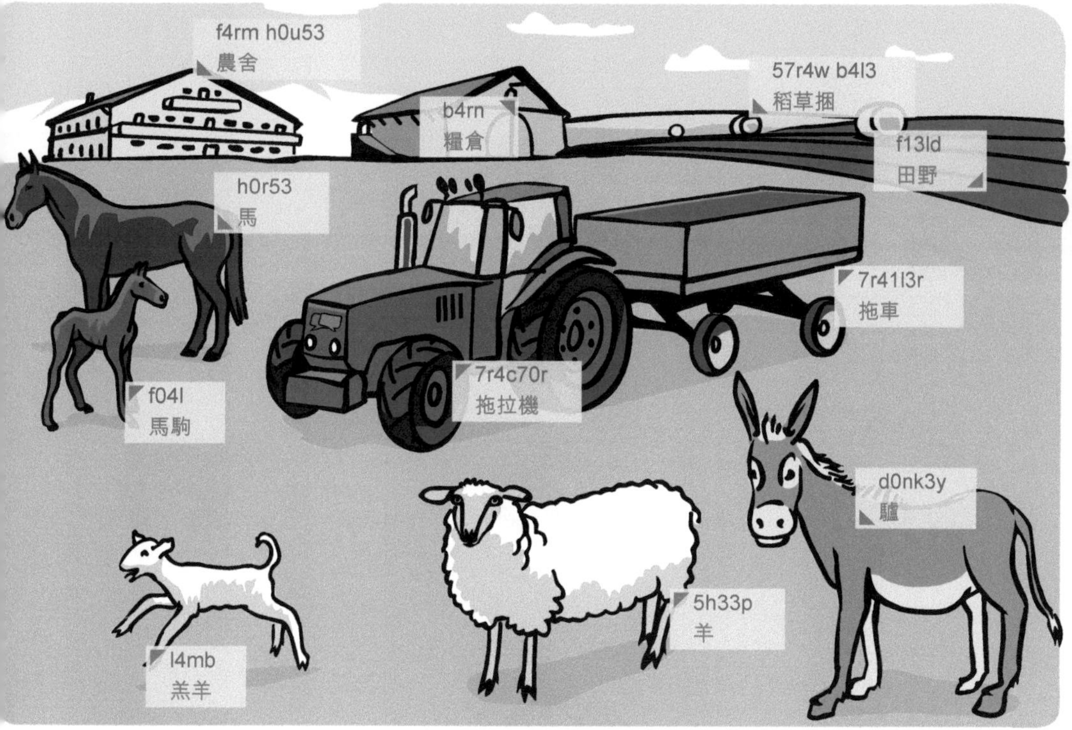
f4rm h0u53
農舍
b4rn
糧倉
57r4w b4l3
稻草捆
f13ld
田野
h0r53
馬
7r41l3r
拖車
7r4c70r
拖拉機
f04l
馬駒
d0nk3y
驢
5h33p
羊
l4mb
羔羊

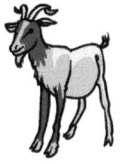

6047

山羊

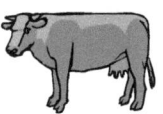

c0w

奶牛

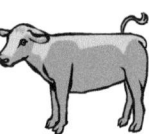

c4lf

小牛

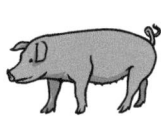

p16

豬

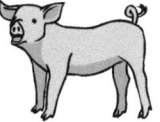

p16l37

小豬

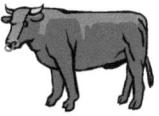

bull

公牛

60053

鵝

duck

鴨

ch1ck

小雞

h3n

母雞

c0ck3r3l

公雞

r47

鼠

c47

貓

m0u53

老鼠

0x

牛

d06

狗

d06 h0u53

狗屋

64rd3n h053

花園澆水軟管

w473r1n6 c4n

澆水壺

5cy7h3

長柄大鐮刀

pl0u6h

犁

51ckl3

鐮刀

h03

鋤頭

p17chf0rk

長柄草耙

4x3

斧頭

pu5hc4r7

獨輪手推車

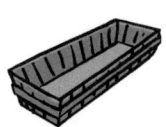

7r0u6h

飼料槽

m1lk c4n

牛奶罐

54ck

麻布袋

f3nc3

柵欄

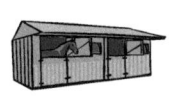

574bl3

馬廄

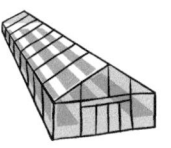

6r33nh0u53

溫室

501l

土壤

533d

種子

f3r71l1z3r

肥料

c0mb1n3 h4rv3573r

聯合收割機

h4rv357

收割

h4rv357

收割

y4m5

地瓜

wh347

小麥

50y4

大豆

p07470

土豆

c0rn

玉米

r4p3533d

油菜籽

fru17 7r33

果樹

m4n10c

樹薯

6r41n

穀物

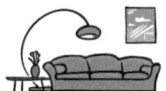

h0u53
房子

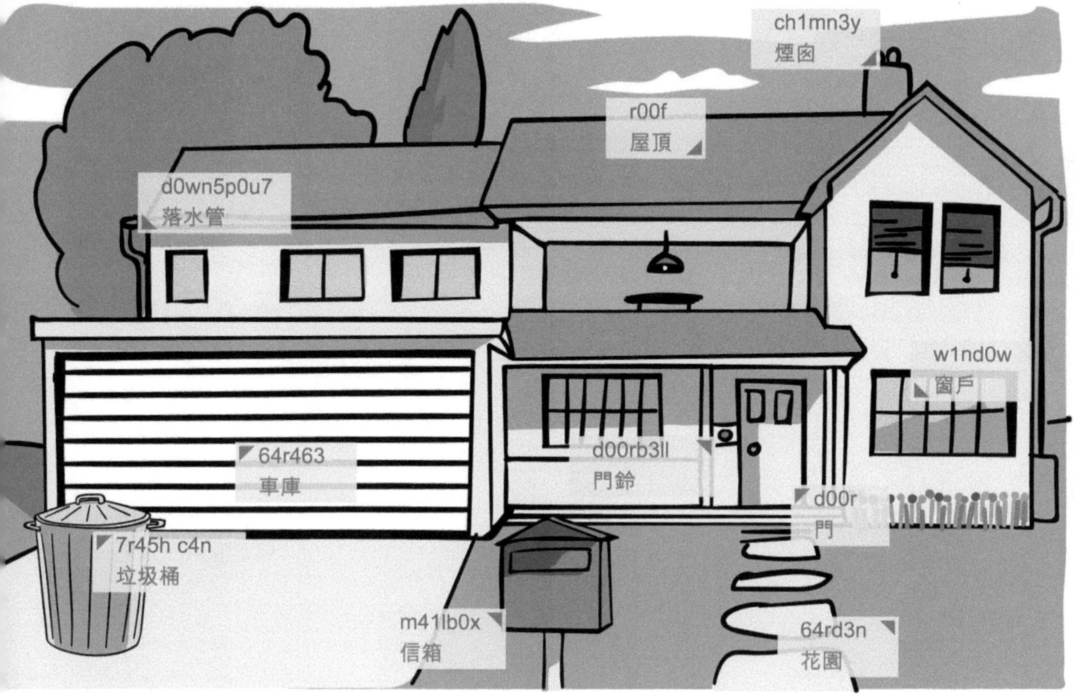

ch1mn3y
煙囱
r00f
屋頂
d0wn5p0u7
落水管
w1nd0w
窗戶
64r463
車庫
d00rb3ll
門鈴
d00r
門
7r45h c4n
垃圾桶
m41lb0x
信箱
64rd3n
花園

l1v1n6 r00m

客廳

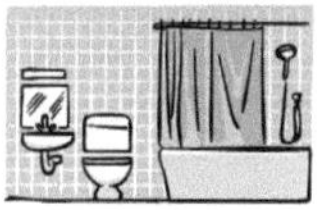

b47hr00m

浴室

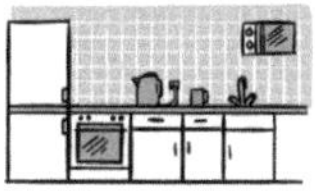

k17ch3n

廚房

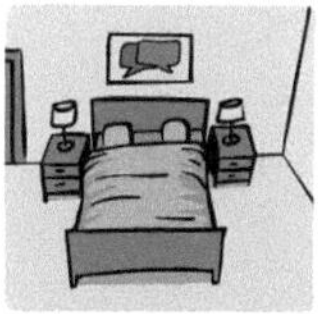

b3dr00m

臥室

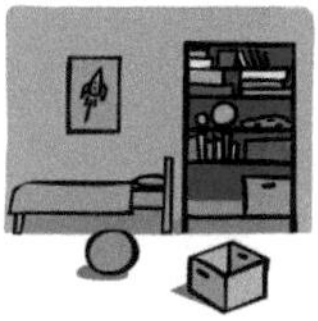

ch1ld'5 r00m

兒童房

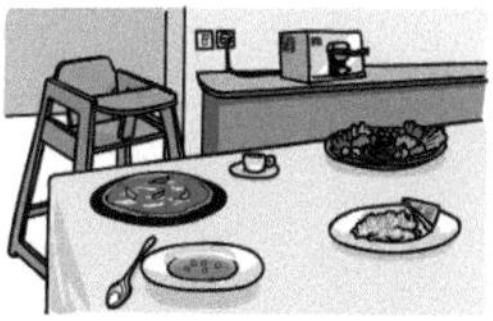

d1n1n6 r00m

餐廳

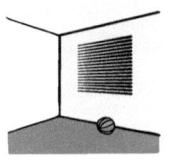

fl00r

地板

w4ll

牆壁

c31l1n6

天花板

c3ll4r

地窖

54un4

三溫暖

b4lc0ny

陽臺

73rr4c3

露臺

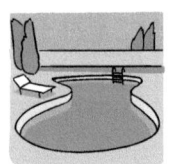

p00l

游泳池

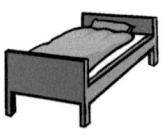

l4wn m0w3r

割草機

5h337

被單

b3d5pr34d

床罩

b3d

床

br00m

掃帚

buck37

水桶

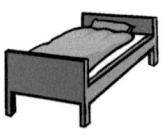

5w17ch

開關

l1v1n6 r00m

客廳

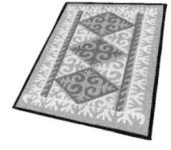

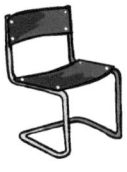

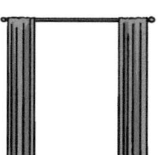

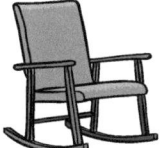

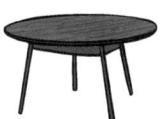

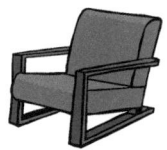

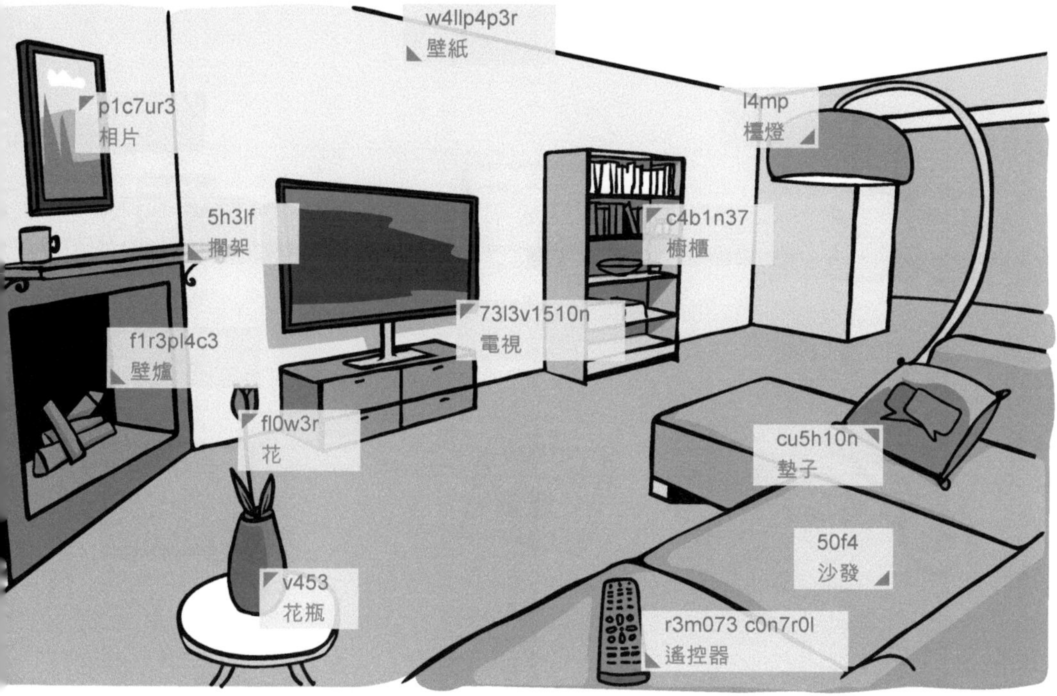

w4llp4p3r
壁紙
p1c7ur3
相片
l4mp
檯燈
5h3lf
擱架
c4b1n37
櫥櫃
73l3v1510n
電視
f1r3pl4c3
壁爐
fl0w3r
花
cu5h10n
墊子
50f4
沙發
v453
花瓶
r3m073 c0n7r0l
遙控器

c4rp37

地毯

dr4p3

窗簾

74bl3

餐桌

ch41r

椅子

r0ck1n6 ch41r

搖椅

4rmch41r

扶手椅

b00k

書

bl4nk37

毯子

d3c0r4710n

裝飾品

f1r3w00d

木柴

f1lm

電影

573r30 5y573m

高傳真音響

k3y

鑰匙

n3w5p4p3r

報紙

p41n71n6

油畫

p0573r

海報

r4d10

收音機

n073b00k

筆記本

v4cuum cl34n3r

吸塵器

c4c7u5

仙人掌

c4ndl3

蠟燭

k17ch3n

廚房

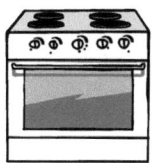

fr1d63
冰箱
m1cr0w4v3 0v3n
微波爐
k17ch3n 5c4l35
廚房秤
704573r
烤麵包機
cl34n1n6 463n7
洗潔精
570v3
烤箱
fr33z3r
冰櫃
7r45h c4n
垃圾桶
d15hw45h3r
洗碗機

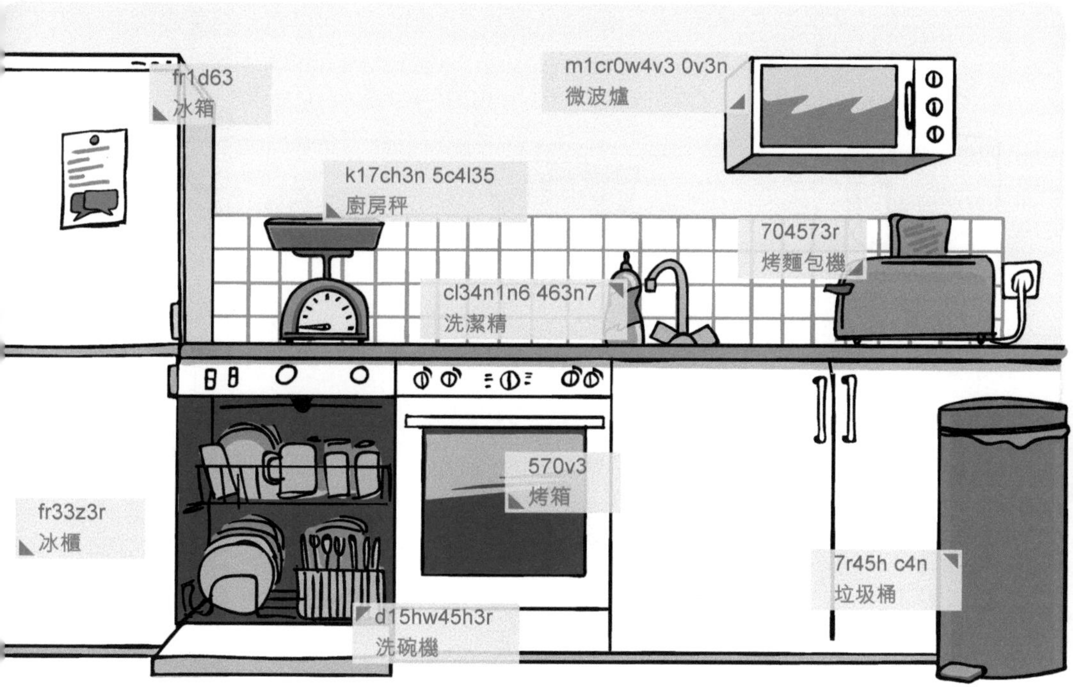

c00k3r

炊具

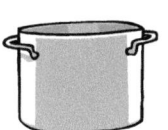

p07

鍋

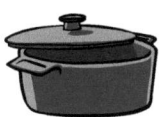

c457-1r0n p07

鑄鐵鍋

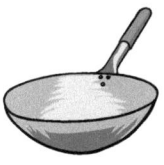

w0k / k4d41

炒鍋

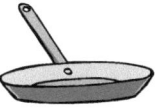

p4n

平底鍋

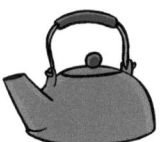

k377l3

水壺

5734m3r

蒸鍋

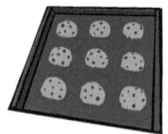

b4k1n6 7r4y

烤盤

cr0ck3ry

陶瓷鍋

mu6

馬克杯

b0wl

碗

ch0p571ck5

筷子

l4dl3

長柄勺

5p47ul4

鏟子

wh15k

攪拌器

57r41n3r

濾網

513v3

篩子

6r473r

磨碎機

m0r74r

研缽

b4rb3cu3

燒烤

f1r3pl4c3

明火

ch0pp1n6 b04rd

菜板

r0ll1n6 p1n

擀麵杖

c0rk5cr3w

開瓶器

c4n

罐子

c4n 0p3n3r

開罐器

0v3n cl07h

隔熱手套

51nk

水槽

bru5h

刷子

5p0n63

海綿

bl3nd3r

攪拌機

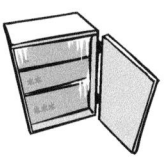

d33p fr33z3r

冷藏箱

b4by b077l3

奶瓶

74p

水龍頭

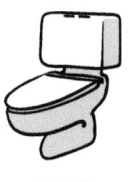

b47hr00m

浴室

h3471n6
供暖裝置
70w3l
毛巾
5h0w3r
淋浴
5h0w3r cur741n
浴簾
bubbl3 b47h
泡沫浴
b47h7ub
浴缸
6l455
玻璃杯
w45h1n6 m4ch1n3
洗衣機
74p
水龍頭
71l35
瓷磚
p077y
便壺
51nk
水槽

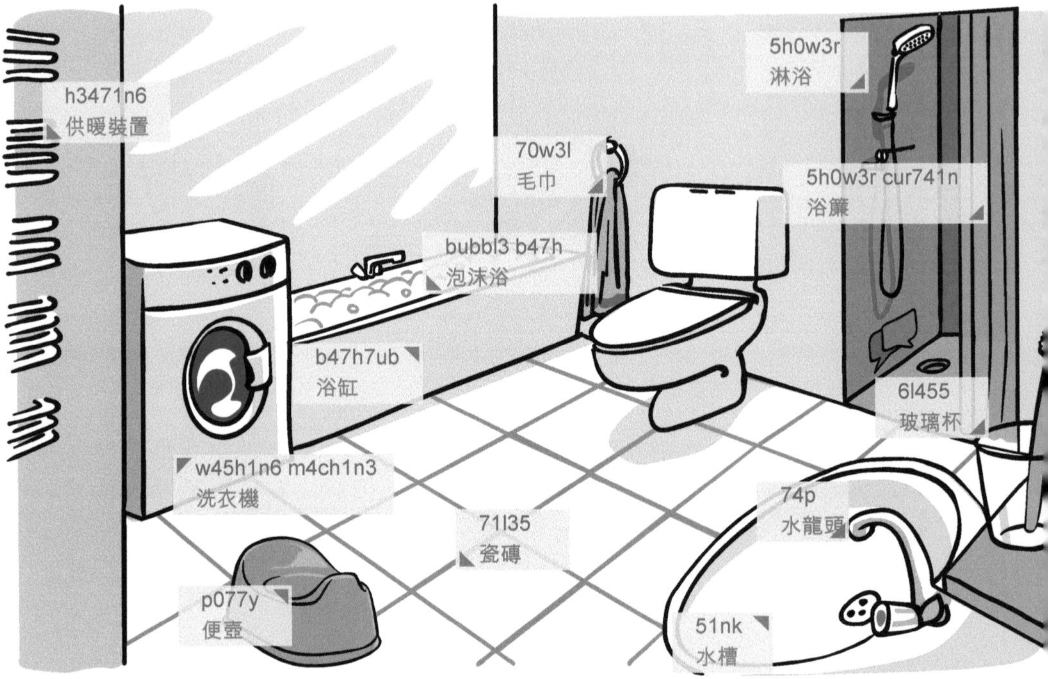

701l37
廁所

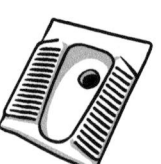

5qu47 701l37
蹲便器

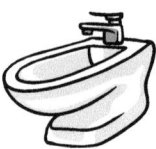

b1d37
坐浴器

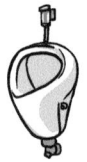

ur1n4l
小便斗

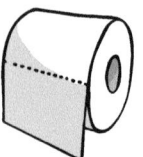

701l37 p4p3r
廁紙

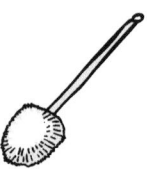

701l37 bru5h
馬桶刷

7007hbru5h

牙刷

7007hp4573

牙膏

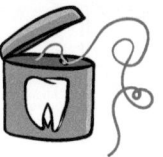

d3n74l fl055

牙線

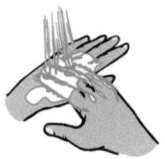

w45h

洗

h4nd 5h0w3r

手持式蓮蓬頭

d0uch3

沖洗器

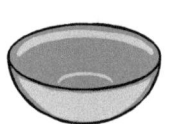

b451n

洗臉盆

b4ck bru5h

洗背刷

504p

肥皂

5h0w3r 63l

沐浴露

5h4mp00

洗髮乳

fl4nn3l

法蘭絨

dr41n

排水

cr3m3

乳霜

d30d0r4n7

除臭劑

m1rr0r

鏡子

h4nd m1rr0r

手鏡

r4z0r

刮鬍刀

5h4v1n6 f04m

刮鬍泡沫

4f73r5h4v3

鬍後水

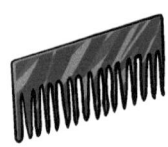

c0mb

梳子

bru5h

刷子

h41r-dry3r

吹風機

h41r5pr4y

噴髮定型劑

m4k3up

化妝品

l1p571ck

唇膏

n41l v4rn15h

指甲油

c0770n w00l

化妝棉

n41l 5c1550r5

指甲剪

p3rfum3

香水

w45hb46

洗漱包

5700l

凳子

w316h1n6 5c4l35

計重秤

b47hr0b3

浴袍

rubb3r 6l0v35

橡膠手套

74mp0n

衛生棉條

54n174ry 70w3l

衛生棉

ch3m1c4l 701l37

化學廁所

ch1ld'5 r00m

兒童房

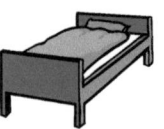

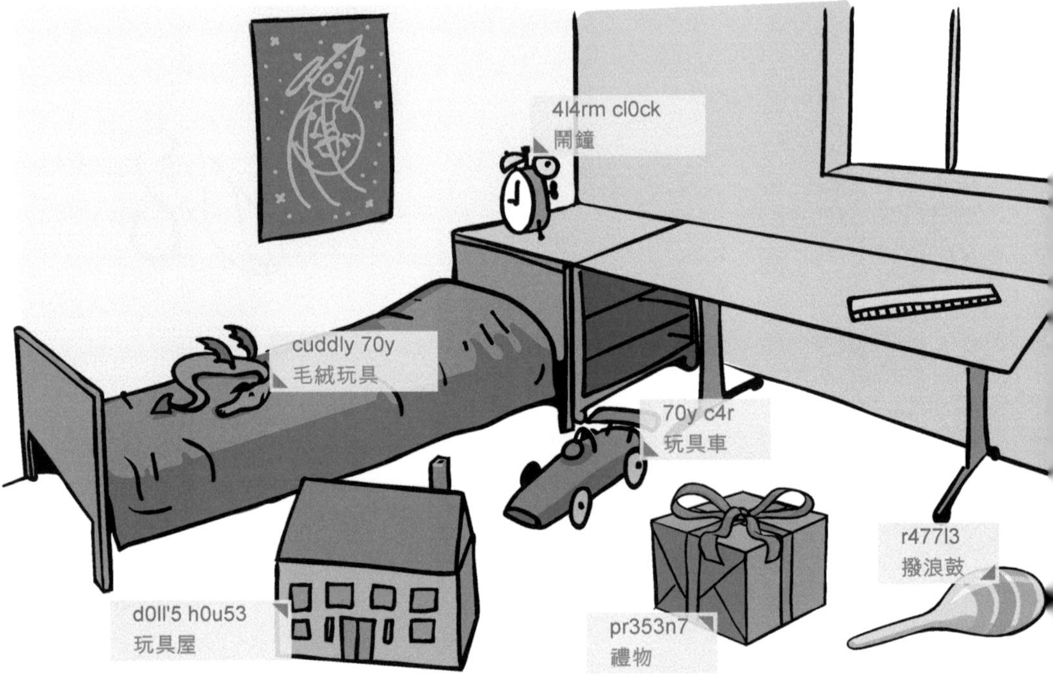

4l4rm cl0ck
鬧鐘

cuddly 70y
毛絨玩具

70y c4r
玩具車

r477l3
撥浪鼓

d0ll'5 h0u53
玩具屋

pr353n7
禮物

b4ll00n

氣球

b3d

床

57r0ll3r

嬰兒車

d3ck 0f c4rd5

撲克牌

j1654w

拼圖

c0m1c

漫畫

l360 br1ck5

樂高積木

70y bl0ck5

積木玩具

4c710n f16ur3

公仔

r0mp3r 5u17

嬰兒服

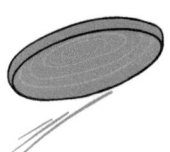

fr15b33

飛盤

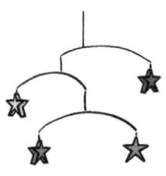

m0b1l3

床鈴玩具

b04rd 64m3

棋盤遊戲

d1c3

骰子

m0d3l 7r41n 537

火車模型

dummy

安撫奶嘴

p4r7y

派對

p1c7ur3 b00k

繪本

b4ll

球

d0ll

洋娃娃

pl4y

玩

54ndp17

沙坑

5w1n6

鞦韆

70y

玩具

v1d30 64m3 c0n50l3

電玩遊戲

7r1cycl3

三輪車

73ddy b34r

泰迪熊

w4rdr0b3

衣櫃

cl07h1n6

衣服

50ck5

襪子

570ck1n65

長襪

716h75

緊身褲

5c4rf
圍巾

umbr3ll4
雨傘

7-5h1r7
T恤

b3l7
皮帶

b0075
靴子

5l1pp3r5
拖鞋

5n34k3r5
運動鞋

54nd4l5

涼鞋

5h035

鞋

rubb3r b0075

雨靴

br13f5

內褲

br4

胸罩

und3r5h1r7

背心

b0dy

身體

p4n75

褲子

j34n5

牛仔褲

5k1r7

短裙

bl0u53

女式襯衫

5h1r7

襯衫

pull0v3r

套頭衫

5w3473r

連帽上衣

bl4z3r

西裝夾克

j4ck37

夾克

c047

外套

r41nc047

雨衣

c057um3

套裝

dr355

連衣裙

w3dd1n6 dr355

婚紗

5u17

西裝

n16h760wn

睡袍

p4j4m45

睡衣

54r1

莎麗

h34d5c4rf

頭巾

7urb4n

包頭巾

burk4

波卡

k4f74n

卡夫坦

4b4y4

(阿拉伯式)長袍

5w1m5u17

泳衣

7runk5

男式泳褲

5h0r75

短褲

7r4ck5u17

運動服

4pr0n

圍裙

6l0v35

手套

bu770n

鈕扣

6l45535

眼鏡

br4c3l37

手鏈

n3ckl4c3

項鍊

r1n6

戒指

34rr1n6

耳環

c4p

便帽

c047 h4n63r

衣架

h47

帽子

713

領帶

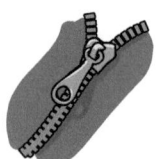

z1p

拉鍊

h3lm37

安全帽

br4c35

背帶

5ch00l un1f0rm

校服

un1f0rm

制服

b1b

圍兜

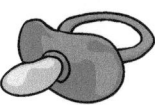

dummy

安撫奶嘴

d14p3r

尿布

0ff1c3
辦公室

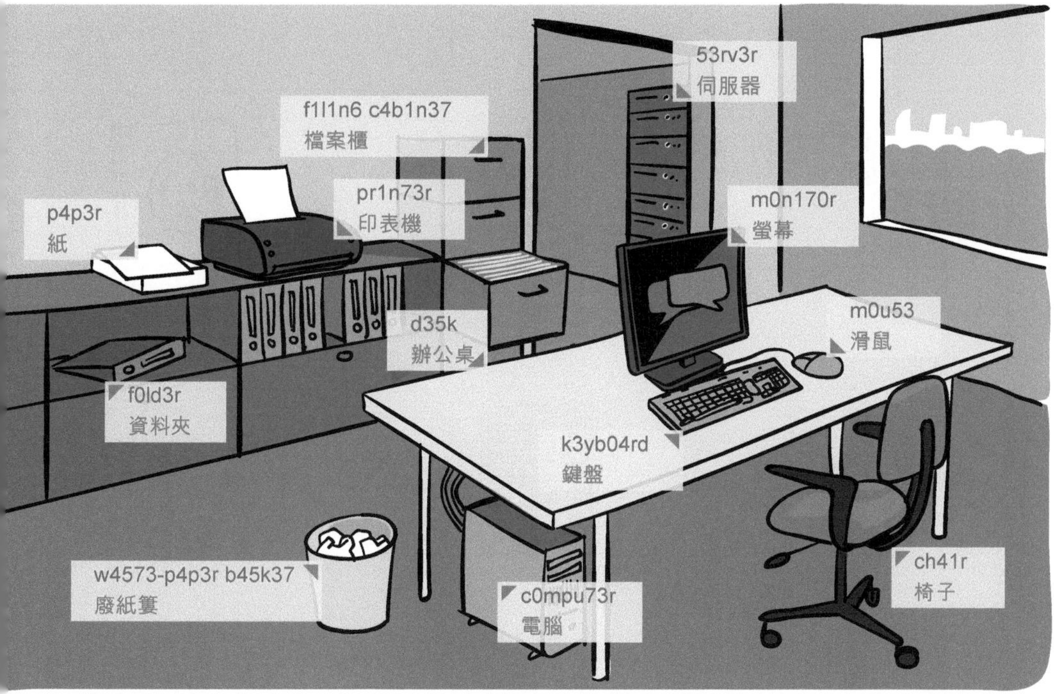

c0ff33 mu6

咖啡杯

c4lcul470r

計算機

1n73rn37

網際網路

l4p70p

筆記型電腦

l3773r

信件

m355463

簡訊

c3ll ph0n3

行動電話

n37w0rk

網路

ph070c0p13r

影印機

50f7w4r3

軟體

73l3ph0n3

電話

plu6 50ck37

插座

f4x m4ch1n3

傳真機

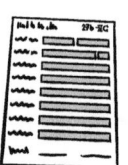

f0rm

表格

d0cum3n7

檔案

buy

買

p4y

付錢

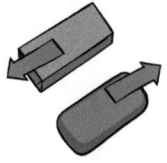

7r4d3

交易

m0n3y

現金

d0ll4r

美元

3ur0

歐元

y3n

日元

r0ubl3

盧布

5w155 fr4nc

瑞士法郎

r3nm1nb1 yu4n

人民幣

rup33

盧比

c45h p01n7

提款處

curr3ncy 3xch4n63 0ff1c3

外幣兌換處

60ld

金

51lv3r

銀

01l

石油

3n3r6y

能源

pr1c3

價格

c0n7r4c7

合約

74x

稅金

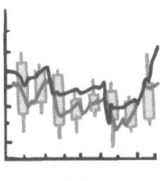

570ck

股票

w0rk

工作

3mpl0y33

職員

3mpl0y3r

老闆

f4c70ry

工廠

5h0p

商店

0ccup4710n5
職業

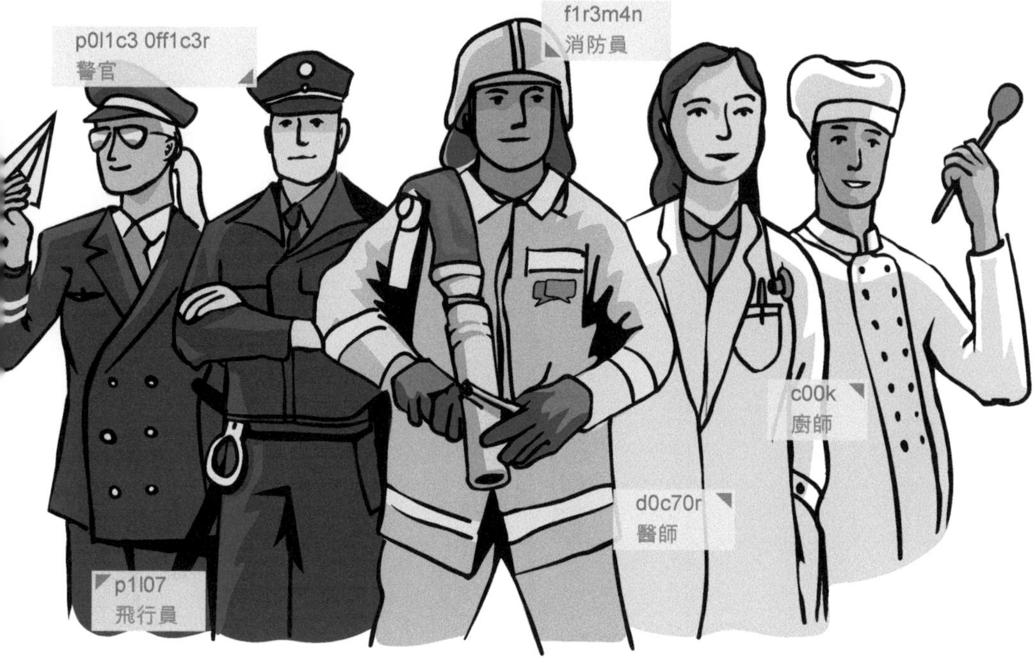
p0l1c3 0ff1c3r
警官
f1r3m4n
消防員
c00k
廚師
d0c70r
醫師
p1l07
飛行員

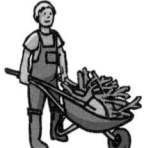

64rd3n3r
園丁

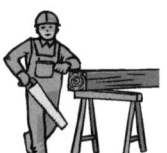

c4rp3n73r
木匠

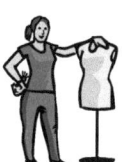

534m57r355
裁縫

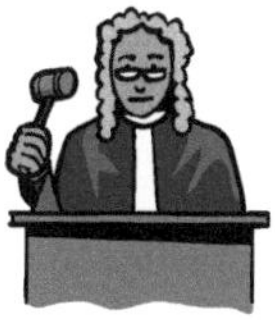

jud63
法官

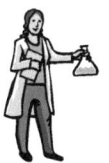

ch3m157
化學家

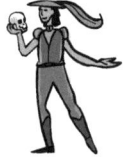

4c70r
演員

bu5 dr1v3r

公車司機

74x1 dr1v3r

計程車司機

f15h3rm4n

漁夫

cl34n1n6 l4dy

清洗女工

r00f3r

屋頂工

w4173r

服務生

hun73r

獵人

p41n73r

畫家

b4k3r

麵包師

3l3c7r1c14n

電工

bu1ld3r

建築工人

3n61n33r

工程師

bu7ch3r

屠夫

plumb3r

水管工

p057m4n

郵差

50ld13r

士兵

4rch173c7

建築師

c45h13r

收銀員

fl0r157

花農

h41rdr3553r

理髮師

c0nduc70r

售票員

m3ch4n1c

機械技師

c4p741n

船長

d3n7157

牙醫

5c13n7157

科學家

r4bb1

拉比

1m4m

伊瑪目

m0nk

和尚

p4570r

牧師

700l5

工具

h4mm3r
鐵錘
pl13r5
鉗子
5cr3wdr1v3r
螺絲起子
wr3nch
扳手
70rch
手電筒

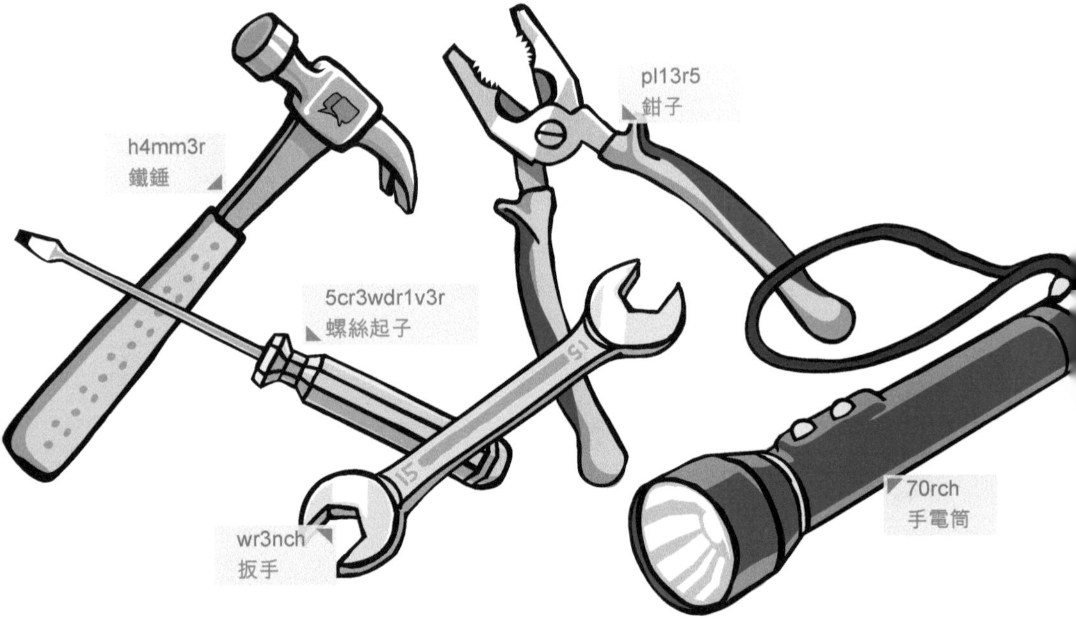

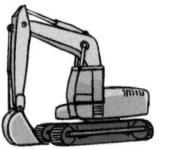

3xc4v470r
挖掘機

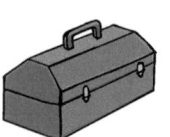

700lb0x
工具箱

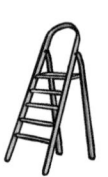

l4dd3r
梯子

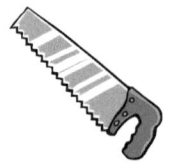

54w
鋸子

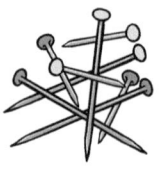

n41l5
釘子

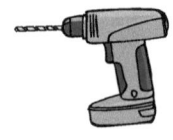

dr1ll
鑽機

r3p41r

修

5h0v3l

鏟子

d4mn!

糟糕！

du57p4n

畚箕

p41n7 c4n

油漆桶

5cr3w5

螺絲

mu51c4l 1n57rum3n75
樂器

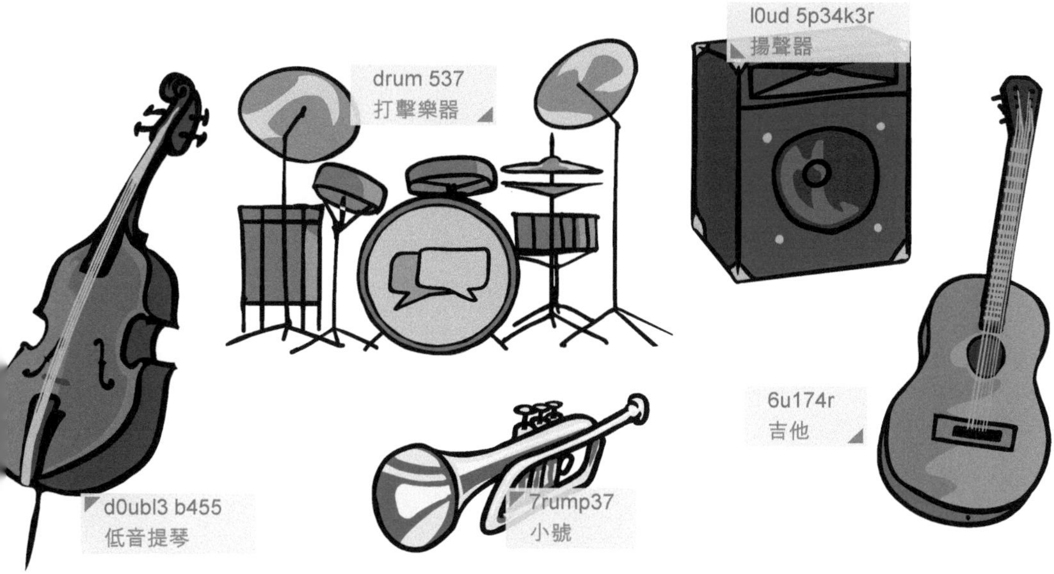

loud 5p34k3r
揚聲器

drum 537
打擊樂器

6u174r
吉他

d0ubl3 b455
低音提琴

7rump37
小號

p14n0

鋼琴

v10l1n

小提琴

b455

貝斯

71mp4n1

定音鼓

drum5

鼓

k3yb04rd

電子琴

54x0ph0n3

薩克斯風

flu73

長笛

m1cr0ph0n3

麥克風

7163r
老虎

3n7r4nc3
入口

c463
籠子

z3br4
斑馬

4n1m4l f33d
動物飼料

p4nd4
熊貓

4n1m4l5

動物

3l3ph4n7

大象

k4n64r00

袋鼠

rh1n0

犀牛

60r1ll4

大猩猩

b34r

熊

c4m3l

駱駝

057r1ch

鴕鳥

l10n

獅子

m0nk3y

猴子

fl4m1n60

紅鶴

p4rr07

鸚鵡

p0l4r b34r

北極熊

p3n6u1n

企鵝

5h4rk

鯊魚

p34c0ck

孔雀

5n4k3

蛇

cr0c0d1l3

鱷魚

z00k33p3r

動物園管理員

534l

海豹

j46u4r

美洲豹

p0ny

矮種馬

l30p4rd

豹

h1pp0

河馬

61r4ff3

長頸鹿

346l3

老鷹

b04r

野豬

f15h

魚

7ur7l3

龜

w4lru5

海象

f0x

狐狸

64z3ll3

羚羊

5p0r75

體育

4m3r1c4n f007b4ll
橄欖球

cycl1n6
騎腳踏車

73nn15
網球

b45k37b4ll
籃球

5w1mm1n6
游泳

b0x1n6
拳擊

1c3 h0ck3y
冰球

50cc3r

美式足球

b4dm1n70n

羽毛球

47hl371c5

田徑

h4ndb4ll

手球

5k11n6

滑雪

p0l0

馬球

l4u6h
笑

jump
跳

hu6
擁抱

w4lk
走路

51n6
唱

pr4y
祈禱

k155
親吻

dr34m
做夢

wr173
書寫

dr4w
畫

5h0w
展示

pu5h
推

61v3
給

74k3
拿

h4v3

有

d0

做

b3

當

574nd

站

run

跑

pull

拉

7hr0w

丟

f4ll

摔倒

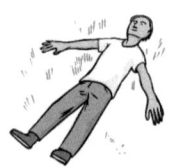

l13

躺

w417

等待

c4rry

攜帶

517

坐

637 dr3553d

穿衣

5l33p

睡覺

w4k3 up

醒來

l00k 47

看

cry

哭

57r0k3

擊

c0mb

梳頭

74lk

交談

und3r574nd

明白

45k

問

l1573n

聽

dr1nk

喝

347

吃

71dy up

清理

l0v3

愛

c00k

做飯

dr1v3

開車

fly

飛

5411

航行

c4lcul473

計算

r34d

讀

l34rn

學習

w0rk

工作

m4rry

結婚

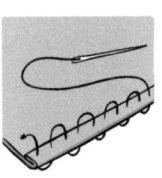

53w

縫

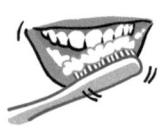

bru5h 7337h

刷牙

k1ll

殺

5m0k3

抽菸

53nd

寄

f4m1ly

家

6r4ndm07h3r
祖母

6r4ndf47h3r
祖父

f47h3r
父親

m07h3r
母親

b4by
嬰兒

d4u6h73r
女兒

50n
兒子

6u357

客人

4un7

阿姨

uncl3

叔叔

br07h3r

兄弟

51573r

姐妹

b0dy

身體

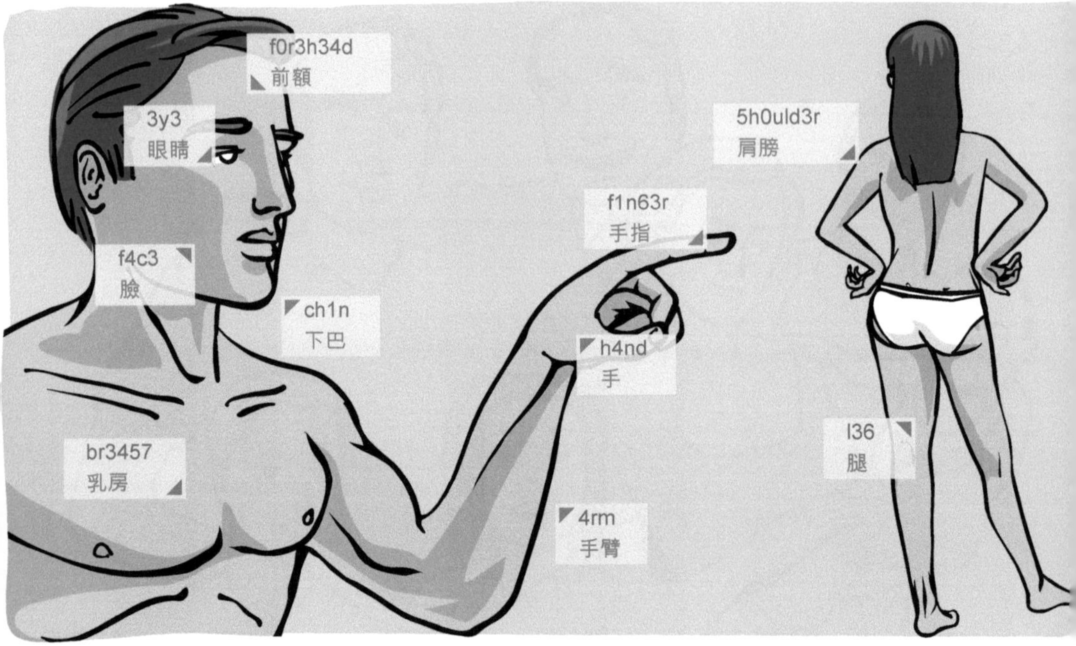

f0r3h34d
前額

3y3
眼睛

5h0uld3r
肩膀

f1n63r
手指

f4c3
臉

ch1n
下巴

h4nd
手

br3457
乳房

l36
腿

4rm
手臂

b4by
嬰兒

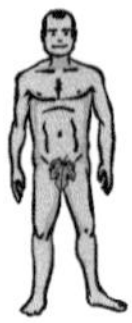

m4n
男人

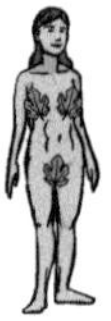

w0m4n
女人

61rl
女孩

b0y
男孩

h34d
頭

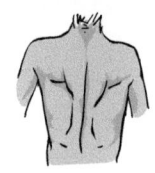	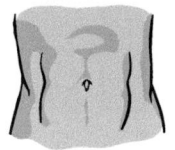	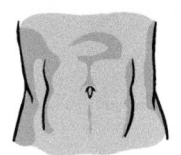
b4ck	b3lly	n4v3l
背部	肚子	肚臍
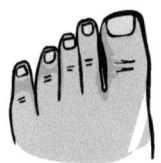	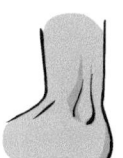	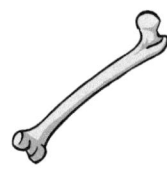
703	h33l	b0n3
腳趾	腳後跟	骨頭
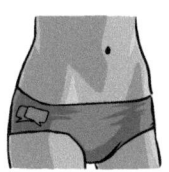	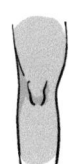	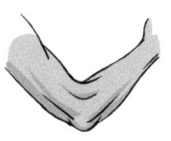
h1p	kn33	3lb0w
臀部	膝蓋	手肘
		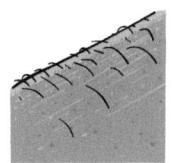
n053	bu770ck5	5k1n
鼻子	屁股	皮膚
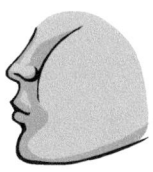	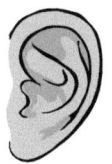	
ch33k	34r	l1p
臉頰	耳朵	嘴唇

m0u7h

嘴

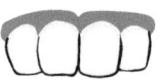

7007h

牙齒

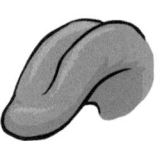

70n6u3

舌頭

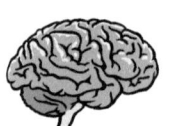

br41n

腦

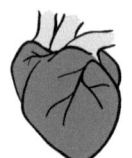

h34r7

心臟

mu5cl3

肌肉

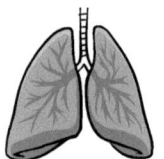

lun6

肺

l1v3r

肝臟

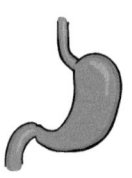

570m4ch

胃

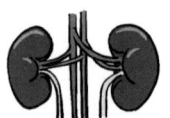

k1dn3y5

腎臟

53x

性交

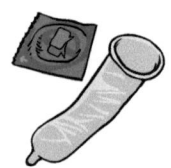

c0nd0m

保險套

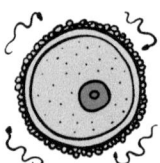

0vum

卵子

53m3n

精子

pr36n4ncy

懷孕

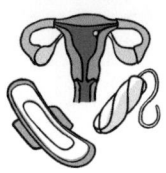

m3n57ru4710n

月事

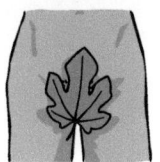

v461n4

陰道

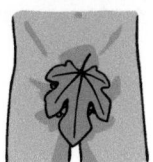

p3n15

陰莖

3y3br0w

眉毛

h41r

頭髮

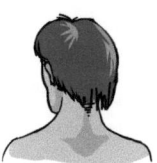

n3ck

脖子

h05p174l
醫院

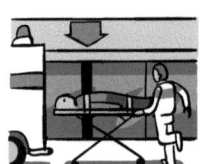

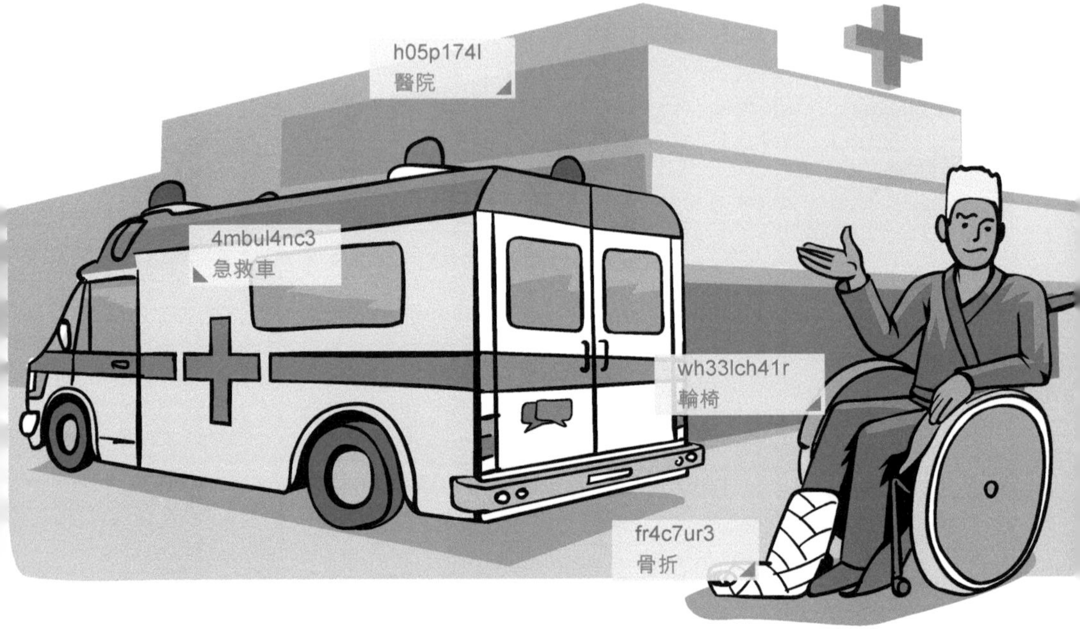

h05p174l
醫院
4mbul4nc3
急救車
wh33lch41r
輪椅
fr4c7ur3
骨折

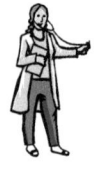

d0c70r

醫師

3m3r63ncy r00m

急診室

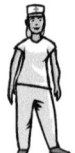

nur53

護理師

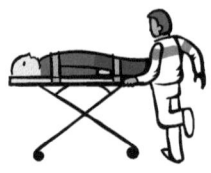

3m3r63ncy

緊急情形

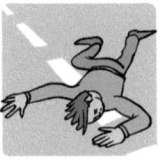

unc0n5c10u5

昏迷

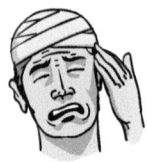

p41n

痛

1njury

受傷

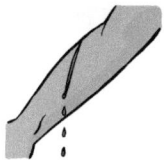

bl33d1n6

出血

h34r7 4774ck

心臟病發作

57r0k3

中風

4ll3r6y

過敏

c0u6h

咳嗽

f3v3r

發燒

flu

流感

d14rrh34

腹瀉

h34d4ch3

頭痛

c4nc3r

癌症

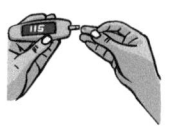

d14b3735

糖尿病

5ur630n

外科醫師

5c4lp3l

手術刀

0p3r4710n

手術

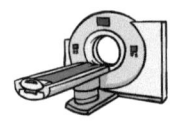

c7

電腦斷層掃描

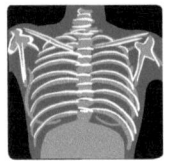

x-r4y

X光

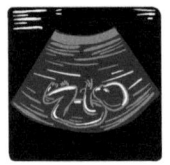

ul7r450und

超音波

f4c3 m45k

口罩

d153453

疾病

w4171n6 r00m

候診室

cru7ch

拐杖

pl4573r

石膏

b4nd463

繃帶

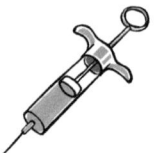

1nj3c710n

注射

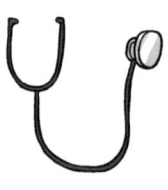

5737h05c0p3

聽診器

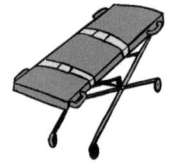

57r37ch3r

擔架

cl1n1c4l 7h3rm0m373r

體溫計

b1r7h

出生

0v3rw316h7

超重

74   h05p174l - 醫院

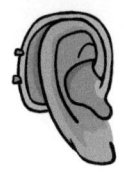

h34r1n6 41d

助聽器

d151nf3c74n7

消毒液

1nf3c710n

感染

v1ru5

病毒

h1v / 41d5

愛滋病

m3d1c1n3

藥物

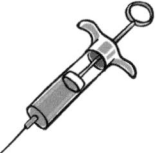

v4cc1n4710n

接種疫苗

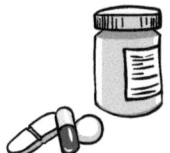

74bl375

藥片

p1ll

藥丸

3m3r63ncy c4ll

急救電話

bl00d pr355ur3 m0n170r

血壓計

1ll / h34l7hy

生病/健康

h3lp!

救命！

4l4rm

警報

4554ul7

突擊

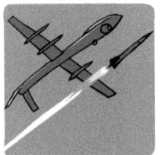

4774ck

攻擊

d4n63r

危險

3m3r63ncy 3x17

緊急出口

f1r3!

失火了！

f1r3 3x71n6u15h3r

滅火器

4cc1d3n7

意外

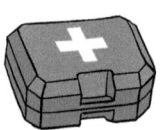

f1r57-41d k17

急救箱

505

呼救訊號

p0l1c3

員警

3ur0p3

歐洲

n0r7h 4m3r1c4

北美洲

50u7h 4m3r1c4

南美洲

4fr1c4

非洲

4514

亞洲

4u57r4l14

澳洲

47l4n71c

大西洋

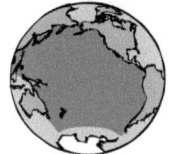

p4c1f1c

太平洋

1nd14n 0c34n

印度洋

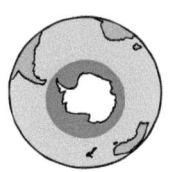

4n74rc71c 0c34n

南冰洋

4rc71c 0c34n

北冰洋

n0r7h p0l3

北極

50u7h p0l3

南極

4n74rc71c4

南極洲

34r7h

地球

l4nd

陸地

534

海

15l4nd

島

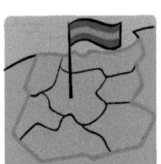

n4710n

國家

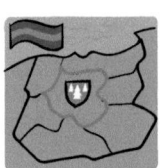

57473

州

cl0ck f4c3

錶盤

h0ur h4nd

時針

m1nu73 h4nd

分針

53c0nd h4nd

秒針

wh47 71m3 15 17?

現在幾點？

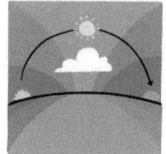

d4y

天

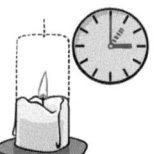

71m3

時間

n0w

現在

d16174l w47ch

電子錶

m1nu73

分

h0ur

時

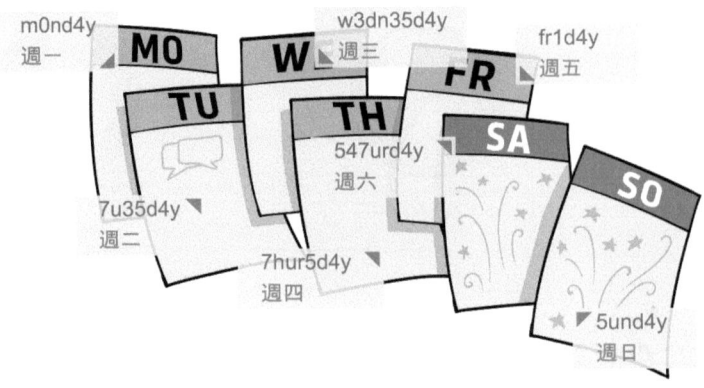

m0nd4y 週一 MO
w3dn35d4y 週三 W
fr1d4y 週五 FR
7u35d4y 週二 TU
547urd4y 週六 TH
SA
7hur5d4y 週四
5und4y 週日 SO

y3573rd4y

昨天

70d4y

今天

70m0rr0w

明天

m0rn1n6

早晨

n00n

中午

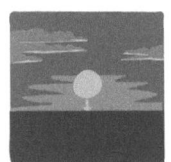

3v3n1n6

晚上

w0rkd4y5

工作日

w33k3nd

週末

r41n
雨

r41nb0w
彩虹

5pr1n6
春

5umm3r
夏

w1nd
風

f4ll
秋

5n0w
雪

w1n73r
冬

w347h3r f0r3c457

天氣預告

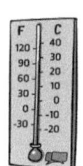

7h3rm0m373r

溫度計

5un5h1n3

陽光

cl0ud

雲

f06

霧

hum1d17y

潮濕

l16h7n1n6

閃電

7hund3r

打雷

570rm

風暴

h41l

冰雹

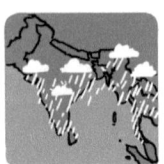

m0n500n

季風

fl00d

洪水

1c3

冰

j4nu4ry

一月

f3bru4ry

二月

m4rch

三月

4pr1l

四月

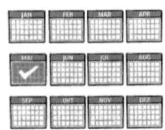

m4y

五月

jun3

六月

july

七月

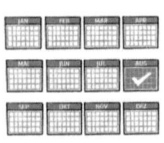

4u6u57

八月

53p73mb3r

九月

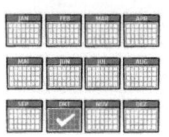

0c70b3r

十月

n0v3mb3r

十一月

d3c3mb3r

十二月

5h4p35

形狀

c1rcl3

圓形

5qu4r3

正方形

r3c74n6l3

長方形

7r14n6l3

三角形

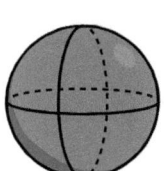

5ph3r3

球體

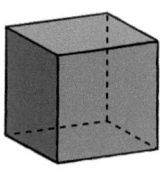

cub3

立方體

wh173

白

y3ll0w

黃

0r4n63

橙

p1nk

粉

r3d

紅

purpl3

紫

blu3

藍

6r33n

綠

br0wn

棕

6r4y

灰

bl4ck

黑

4 l07 / 4 l177l3

很多/少許

4n6ry / c4lm

生氣/平靜

b34u71ful / u6ly

美/醜

b361nn1n6 / 3nd

首/尾

b16 / 5m4ll

大/小

br16h7 / d4rk

明/暗

br07h3r / 51573r

兄弟/姐妹

cl34n / d1r7y

乾淨/骯髒

c0mpl373 / 1nc0mpl373

完整/缺失

d4y / n16h7

白天/晚上

d34d / 4l1v3

死/生

w1d3 / n4rr0w

寬/窄

3d1bl3 / 1n3d1bl3

可食用/非食用

3v1l / k1nd

邪惡/善良

3xc173d / b0r3d

興奮/無聊

f47 / 7h1n

胖/瘦

f1r57 / l457

第一/最後

fr13nd / 3n3my

朋友/敵人

full / 3mp7y

滿/空

h4rd / 50f7

硬/軟

h34vy / l16h7

重/輕

hun63r / 7h1r57

餓/渴

1ll / h34l7hy

生病/健康

1ll364l / l364l

非法/合法

1n73ll163n7 / 57up1d

聰明/愚笨

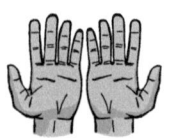

l3f7 / r16h7

左/右

n34r / f4r

近/遠

n3w / u53d

新/舊

n07h1n6 / 50m37h1n6

沒有/有些

0ld / y0un6

老/幼

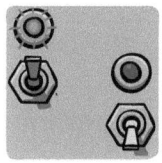

0n / 0ff

開/關

0p3n / cl053d

打開/闔上

qu137 / l0ud

安靜/吵鬧

r1ch / p00r

富/窮

r16h7 / wr0n6

對/錯

r0u6h / 5m007h

粗糙/光滑

54d / h4ppy

傷心/高興

5h0r7 / l0n6

短/長

5l0w / f457

慢/快

w37 / dry

濕/乾

w4rm / c00l

溫暖/涼爽

w4r / p34c3

戰爭/和平

0

z3r0

零

1

0n3

一

2

7w0

二

3

7hr33

三

4

f0ur

四

5

f1v3

五

6

51x

六

7

53v3n

七

8

316h7

八

9

n1n3

九

10

73n

十

11

3l3v3n

十一

12
7w3lv3

十二

13
7h1r733n

十三

14
f0ur733n

十四

15
f1f733n

十五

16
51x733n

十六

17
53v3n733n

十七

18
316h733n

十八

19
n1n3733n

十九

20
7w3n7y

二十

100
hundr3d

百

1.000
7h0u54nd

千

1.000.000
m1ll10n

百萬

3n6l15h

英語

4m3r1c4n 3n6l15h

美式英語

ch1n353 m4nd4r1n

普通話

h1nd1

印地語

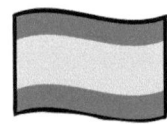

5p4n15h

西班牙語

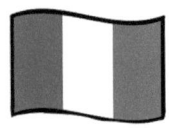

fr3nch

法語

4r4b1c

阿拉伯語

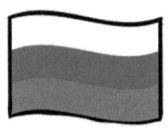

ru5514n

俄語

p0r7u6u353

葡萄牙語

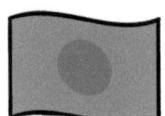

b3n64l1

孟加拉語

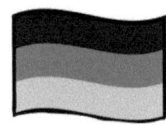

63rm4n

德語

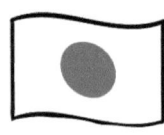

j4p4n353

日語

1

我

y0u

你

h3 / 5h3 / 17

他/她/它

w3

我們

y0u

你們

7h3y

他們

wh0?

誰？

wh47?

什麼？

h0w?

如何？

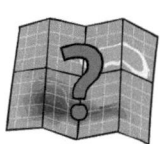

wh3r3?

何處？

wh3n?

何時？

n4m3

名字

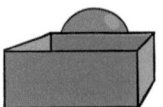

b3h1nd

後面

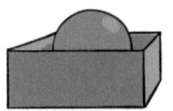

1n

裡面

1n fr0n7 0f

前面

0v3r

上方

0n

上面

und3r

下麵

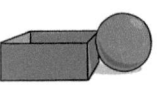

b351d3

旁邊

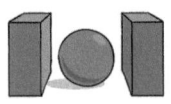

b37w33n

中間

pl4c3

地點